**LEE**

CON LETRA MAYÚSCULA, CURSIVA Y DE IMPRENTA

PERRO

perro

perro

SETA

seta

seta

PLUMA

pluma

pluma

SOPA

sopa

sopa

PANDA

panda

panda

SILLA

silla

silla

BISÍLABOS 1

# MEMORIZA

SI PUEDES, BUSCA UNA PAREJA CON LA QUE JUGAR

MEMORIZA EL ORDEN DE LOS DIBUJOS

MEMORIZA EL ORDEN DE LAS PALABRAS

SILLA SETA SOPA

CIERRA LOS OJOS Y DIBUJA CON EL DEDO LA PALABRA

PLUMA

CIERRA LOS OJOS Y DELETREA LA PALABRA

SETA

CIERRA LOS OJOS Y DELETREA AL REVÉS LA PALABRA

SILLA

 CONTESTA

PERRO

SOPA

¿CUÁL ES LA PRIMERA LETRA?

PANDA

SETA

¿CUÁL ES LA TERCERA LETRA?

PLUMA

SILLA

PINTA

LAS LETRAS QUE **NO** FORMAN PARTE
DE LA PALABRA

P U E R T R O

S T O N P A T

P A Z N D Q A

M S E U T P A

P L R U W M A

P S I L W L A

 # LEE

Y MARCA LA PALABRA CORRECTA

RERPO

PERRO

danpa

panda

SOPA

AOSP

esat

seta

DANPA

PANDA

silla

lisal

ESAT

SETA

rerpo

perro

PLUMA

MUALP

sopa

aosp

¡ENCUENTRA A LAS INTRUSAS!

✓ MARCA LAS PALABRAS QUE **NO** QUIERAN DECIR NADA

perro

sopa

respo

AOSP

alpa

seta

danpa

panda

MUALP

esat pluma

lisal

SILLA

COMPLETA

CON LAS LETRAS QUE FALTAN

 PE__R__

 PAN__A

 __LU__A

 __OPA

 S__TA

 S__LLA

 # COPIA

LA PALABRA ENTERA

PERRO _____   *perro* _____

SOPA _____   *sopa* _____

PANDA _____   *panda* _____

SETA _____   *seta* _____

PLUMA _____   *pluma* _____

SILLA _____   *silla* _____

RELACIONA

EL PERRO	el panda	la seta
LA SOPA	la seta	el panda
EL PANDA	la sopa	el perro
LA SETA	el perro	la sopa
LA PLUMA	la pluma	la silla
LA SILLA	la silla	la pluma

 ESCRIBE LOS PLURALES...

EL PERRO	LOS PERROS
LA SILLA	
LA SETA	
EL PANDA	

# COPIA Y DIBUJA

LA PALABRA ENTERA

EL PERRO

_____

LA SOPA

_____

EL PANDA

_____

LA SETA

_____

LA PLUMA

_____

LA SILLA

_____

 # LEE Y CONTESTA SÍ O NO

 ES UN PERRO

 ES UNA SETA

 ES UNA SETA

 ES UN PANDA

 ES UNA SILLA

 ES UNA PLUMA

 ## RODEA LA RESPUESTA

¿CUÁNTAS FRASES ESTABAN MAL?

1   2   3   4   5   6

COMPRENSIÓN LECTORA

EL PERRO ESTÁ LLENO DE PULGAS.

El perro está lleno de pulgas.

¿QUÉ ANIMAL ESTÁ LLENO DE PULGAS?_____

EL PANDA VIVE EN EL ZOOLÓGICO.

El panda vive en el zoológico.

¿QUÉ ANIMAL VIVE EN EL ZOOLÓGICO?_____

LOS PÁJAROS ESTAN CUBIERTOS DE PLUMAS.

Los pájaros están cubiertos de plumas.

¿DE QUÉ ESTÁN CUBIERTOS LOS PÁJAROS?_____

RESUELVE LA SOPA DE LETRAS

Encuentra las 6 palabras escondidas

	1	2	3	4	5	6	7
A	P	O	S	A	T	E	S
B	E	E	P	I	A	I	S
C	N	R	R	M	N	H	O
D	D	J	U	R	U	L	P
E	A	L	A	E	O	R	A
F	P	S	I	L	L	A	O
G	P	A	N	D	A	P	F

¿QUÉ LETRA SE ENCUENTRA EN LA COORDENADA...?

G-4 LA LETRA D

5-D LA LETRA _____

B-7 LA LETRA _____

C-6 LA LETRA _____

 LEE

CON LETRA MAYÚSCULA, CURSIVA Y DE IMPRENTA

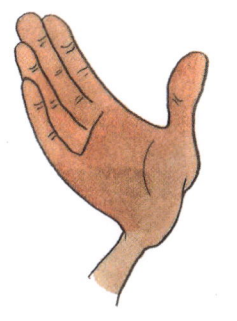

MANO

mano

mano

NIDO

nido

nido

MONTE

monte

monte

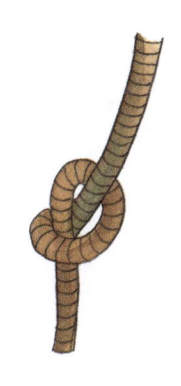

NUDO

nudo

nudo

MUNDO

mundo

mundo

NIEVE

nieve

nieve

BISÍLABOS 2

PARTE 1

PARTE 2

MEMORIZA

SI PUEDES, BUSCA UNA PAREJA CON LA QUE JUGAR

MEMORIZA EL ORDEN DE LOS DIBUJOS

  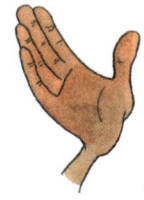

MEMORIZA EL ORDEN DE LAS PALABRAS

NIEVE   NIDO   NUDO

CIERRA LOS OJOS Y DIBUJA CON EL DEDO LA PALABRA

NIEVE

CIERRA LOS OJOS Y DELETREA LA PALABRA

MUNDO

CIERRA LOS OJOS Y DELETREA AL REVÉS LA PALABRA

MONTE

 CONTESTA

MONTE

NUDO

NIDO

MUNDO

NIEVE

MANO

PINTA

LAS LETRAS QUE **NO** FORMAN PARTE DE LA PALABRA

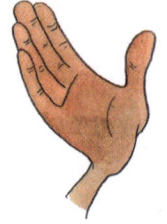

U   M   B   A   P   N   O

B   N   U   D   V   O   C

M   S   U   N   D   E   O

N   A   I   D   P   O   Z

P   M   I   O   N   T   E

N   Y   I   E   W   V   E

LEE

Y MARCA LA PALABRA CORRECTA

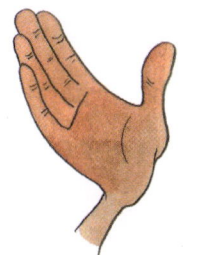

NOAM

MANO

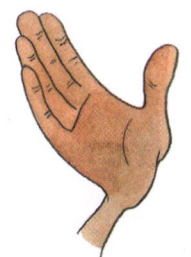

noam

mano

NUDO

UODM

uodm

nudo

MUNDO

UMDON

umdon

mundo

ODIN

NIDO

nido

odin

MONTE

TOEMN

monte

toemn

VNIEE

NIEVE

vniee

nieve

¡ENCUENTRA A LAS INTRUSAS!

MARCA LAS PALABRAS QUE **NO** QUIERAN DECIR NAD

mano

nudo

noam

UODM

mundo

nido

umdon

cupa

TOEMN

odin

monte

VNIEE

NIEVE

 COMPLETA

CON LAS LETRAS QUE FALTAN

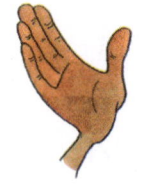 __ANO    MUN__O    MON__E

 NU__O    NI__O    NI__VE

 # COPIA

LA PALABRA ENTERA

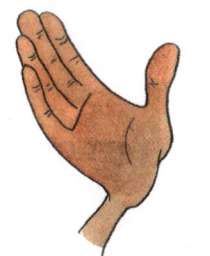 MANO _____ *mano* _____

 NUDO _____ *nudo* _____

 MUNDO _____ *mundo* _____

 NIDO _____ *nido* _____

 MONTE _____ *monte* _____

 NIEVE _____ *nieve* _____

RELACIONA

LA MANO	*el monte*	el mundo
EL NUDO	*la nieve*	el nudo
EL MUNDO	*el mundo*	la mano
EL NIDO	*el nudo*	el nido
EL MONTE	*el nido*	la nieve
LA NIEVE	*la mano*	el monte

ESCRIBE LOS PLURALES...

LA MANO	LAS MANOS
LA NIEVE	
EL NIDO	
EL MUNDO	

COPIA Y DIBUJA
LA PALABRA ENTERA

LA MANO

_____

EL NUDO

_____

EL MUNDO

_____

EL NIDO

_____

EL MONTE

_____

LA NIEVE

_____

✅ LEE Y CONTESTA SÍ O NO ❌

ES UN MONTE

ES UN NUDO

ES UN NIDO

ES UNA MANO

ES UN MUNDO

ES UN NUDO

 RODEA LA RESPUESTA

¿CUÁNTAS FRASES ESTABAN MAL?

1   2   3   4   5   6

COMPRENSIÓN LECTORA

ME HE HECHO DAÑO EN LA MANO.

Me he hecho daño en la mano.

¿DÓNDE TE HAS HECHO DAÑO?_____

HE VISTO UN PÁJARO EN EL NIDO.

He visto un pájaro en el nido.

¿DÓNDE HAS VISTO UN PÁJARO?_____

EN EL MONTE HAY NIEVE.

En el monte hay nieve.

¿QUÉ HAY EN EL MONTE?_____

RESUELVE LA SOPA DE LETRAS

Encuentra las 6 palabras escondidas

	1	2	3	4	5	6	7
A	M	A	N	O	E	O	W
B	C	P	C	I	D	P	A
C	K	N	A	U	D	O	X
D	K	I	N	B	C	O	C
E	V	E	O	D	N	U	M
F	R	V	Ó	C	R	E	B
G	S	E	E	T	N	O	M

¿QUÉ LETRA SE ENCUENTRA EN LA COORDENADA...?

E-5	LA LETRA N
F-6	LA LETRA _____
C-2	LA LETRA _____
G-3	LA LETRA _____

 LEE

CON LETRA MAYÚSCULA, CURSIVA Y DE IMPRENTA

HADA

hada

hada

FARO

faro

faro

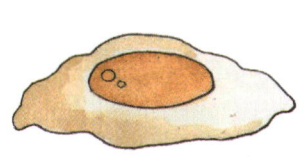
HUEVO

huevo

huevo

FOCA

foca

foca

HOJA

hoja

hoja

FERIA

feria

feria

BISÍLABOS 3

PARTE 1   PARTE 2

MEMORIZA

SI PUEDES, BUSCA UNA PAREJA CON LA QUE JUGAR

MEMORIZA EL ORDEN DE LOS DIBUJOS

MEMORIZA EL ORDEN DE LAS PALABRAS

HOJA   FERIA   HUEVO

CIERRA LOS OJOS Y DIBUJA CON EL DEDO LA PALABRA

FOCA

CIERRA LOS OJOS Y DELETREA LA PALABRA

HADA

CIERRA LOS OJOS Y DELETREA AL REVÉS LA PALABRA

FARO

 CONTESTA

ESCRIBE CUÁNTAS LETRAS TIENE CADA PALABRA

FERIA

HADA

¿CUÁL ES LA PRIMERA LETRA?

FARO

HOJA

¿CUÁL ES LA TERCERA LETRA?

HOJA

FOCA

PINTA

LAS LETRAS QUE **NO** FORMAN PARTE DE LA PALABRA

F H A B D T A

B F L O L C A

C H T O J E A

Y F A V R C O

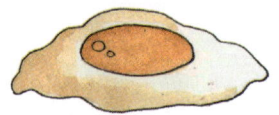

H F U E V L O

F E T R Y I A

✓ LEE

Y MARCA LA PALABRA CORRECTA

 AHAD

HADA

 *hada*

ahad

 COFA

FOCA

 *foca*

cofa

 HOJA

AJHO

 *ajho*

hoja

 FARO

RAOF

 *faro*

raof

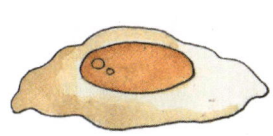 OVEUH

HUEVO

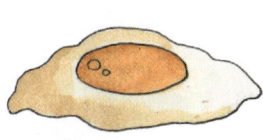 *huevo*

oveuh

 FERIA

IRFAE

 *feria*

irfae

¡ENCUENTRA A LAS INTRUSAS!

MARCA LAS PALABRAS QUE **NO** QUIERAN DECIR NADA

HADA

foca

ahad

COFA

faro

hoja

ajho

oveuh

raof

HUEVO

FERIA

IRFAE

COMPLETA

CON LAS LETRAS QUE FALTAN

H__DA   __OJA   HUE__O

FO__A   FAR__   FE__IA

 # COPIA

LA PALABRA ENTERA

HADA _____   *hada* _____

FOCA _____   *foca* _____

HOJA _____   *hoja* _____

FARO _____   *faro* _____

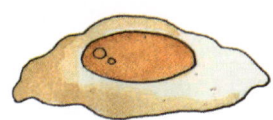

HUEVO _____   *huevo* _____

FERIA _____   *feria* _____

RELACIONA

EL HADA	*la feria*	la foca
LA FOCA	*el huevo*	el hada
LA HOJA	*el faro*	el faro
EL FARO	*la hoja*	la hoja
EL HUEVO	*la foca*	la feria
LA FERIA	*el hada*	el huevo

 ESCRIBE LOS PLURALES...

EL HADA	LAS HADAS
LA FOCA	
LA HOJA	
EL FARO	

COPIA Y DIBUJA
LA PALABRA ENTERA

EL HADA

LA FOCA

LA HOJA

EL FARO

EL HUEVO

LA FERIA

✔ LEE Y CONTESTA SÍ O NO ✘

ES UNA FERIA ☐

ES UNA FERIA ☐

ES UNA FOCA ☐

ES UNA HOJA ☐

ES UN FARO ☐

ES UN HUEVO ☐

 RODEA LA RESPUESTA

¿CUÁNTAS FRASES ESTABAN MAL?

1   2   3   4   5   6

COMPRENSIÓN LECTORA

EN LA FERIA HAY ATRACCIONES.

En la feria hay atracciones.

¿DÓNDE HAY ATRACCIONES?_____

LAS HADAS SON MÁGICAS.

Las hadas son mágicas.

¿CÓMO SON LAS HADAS?_____

EN OTOÑO LAS HOJAS CAEN.

En otoño las hojas caen.

¿QUÉ CAE EN OTOÑO?_____

RESUELVE LA SOPA DE LETRAS

Encuentra las 6 palabras escondidas

	1	2	3	4	5	6	7
A	B	F	H	A	D	A	T
B	V	E	P	F	D	R	H
C	K	R	A	D	A	O	A
D	F	I	C	A	J	R	J
E	F	A	L	A	E	T	O
F	H	U	E	V	O	A	I
G	P	F	I	A	C	O	F

¿QUÉ LETRA SE ENCUENTRA EN LA COORDENADA...?

G-1   LA LETRA P

D-5   LA LETRA _____

B-7   LA LETRA _____

A-6   LA LETRA _____

 **LEE**

CON LETRA MAYÚSCULA, CURSIVA Y DE IMPRENTA

DUENDE

duende

duende

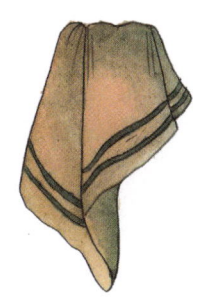

TRAPO

trapo

trapo

DRAGÓN

dragón

dragón

TRONCO

tronco

tronco

DADO

dado

dado

TRIGO

trigo

trigo

BISÍLABOS 4

PARTE 1   PARTE 2

MEMORIZA

SI PUEDES, BUSCA UNA PAREJA CON LA QUE JUGAR

MEMORIZA EL ORDEN DE LOS DIBUJOS

MEMORIZA EL ORDEN DE LAS PALABRAS

TRONCO   DUENDE   TRAPO

CIERRA LOS OJOS Y DIBUJA CON EL DEDO LA PALABRA

DRAGÓN

CIERRA LOS OJOS Y DELETREA LA PALABRA

TRIGO

CIERRA LOS OJOS Y DELETREA AL REVÉS LA PALABRA

TRONCO

 CONTESTA

DADO

TRAPO

¿CUÁL ES LA PRIMERA LETRA?

TRIGO

DUENDE

¿CUÁL ES LA TERCERA LETRA?

DADO

TRONCO

PINTA

LAS LETRAS QUE **NO** FORMAN PARTE DE LA PALABRA

D	U	E	T	N	D	E

T	B	R	O	N	C	O

Z	D	A	P	D	T	O

T	L	R	A	D	P	O

D	T	R	A	G	Ó	N

B	T	R	D	I	G	O

 # LEE

Y MARCA LA PALABRA CORRECTA

NEDUED

DUENDE

duende

nedued

OCNORT

TRONCO

tronco

ocnort

ADOD

DADO

adod

dado

TRAPO

ROTAP

rotap

trapo

DRAGÓN

GRANÓD

dragón

granód

TRIGO

RITOG

trigo

ritog

¡ENCUENTRA A LAS INTRUSAS!

✓ MARCA LAS PALABRAS QUE **NO** QUIERAN DECIR NADA

nedued

ocnort

DUENDE

TRONCO

DADO

adod

TRAPO

dragón

ritog

ratap

TRIGO

granod

COMPLETA

CON LAS LETRAS QUE FALTAN

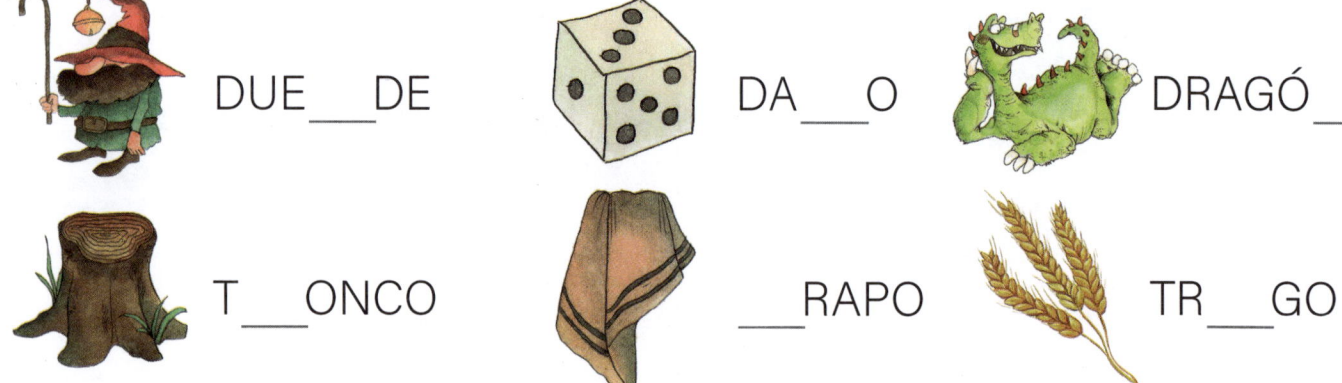

DUE___DE

DA___O

DRAGÓ___

T___ONCO

___RAPO

TR___GO

 # COPIA

LA PALABRA ENTERA

 DUENDE _____   *duende* _____

 TRONCO _____   *tronco* _____

 DADO _____   *dado* _____

 TRAPO _____   *trapo* _____

 DRAGÓN _____   *dragón* _____

 TRIGO _____   *trigo* _____

RELACIONA

EL DUENDE	el tronco	el trigo
EL TRONCO	el dragón	el dragón
EL DADO	el trapo	el dado
EL TRAPO	el dado	el trapo
EL DRAGÓN	el trigo	el tronco
EL TRIGO	el duende	el duende

 ESCRIBE LOS PLURALES...

EL DUENDE	LOS DUENDES
EL TRONCO	
EL DADO	
EL TRAPO	

COPIA Y DIBUJA

LA PALABRA ENTERA

EL DUENDE

_____

EL TRONCO

_____

EL DADO

_____

EL TRAPO

_____

EL DRAGÓN

_____

EL TRIGO

_____

LEE Y CONTESTA SÍ O NO

ES UN TRONCO ☐

ES UN DRAGÓN ☐

ES UN DUENDE ☐

ES UN DUENDE ☐

ES UN TRAPO ☐

ES UN DADO ☐

RODEA LA RESPUESTA

¿CUÁNTAS FRASES ESTABAN MAL?

1   2   3   4   5   6

# COMPRENSIÓN LECTORA

EL PARCHÍS SE JUEGA CON UN DADO.

El parchís se juega con un dado.

¿CON QUÉ SE JUEGA EL PARCHÍS?_____

EL TRONCO DEL PINO ES MUY GRANDE.

El tronco del pino es muy grande.

¿QUÉ ES MUY GRANDE?_____

EL DRAGÓN ESCUPE FUEGO.

El dragón escupe fuego.

¿QUÉ ANIMAL ESCUPE FUEGO?_____

RESUELVE LA SOPA DE LETRAS

Encuentra las 6 palabras escondidas

	1	2	3	4	5	6	7
A	T	D	U	E	N	D	E
B	R	R	L	E	T	D	U
C	I	H	A	R	C	A	A
D	G	A	N	P	O	T	A
E	O	D	A	D	O	S	U
F	B	N	Ó	G	A	R	D
G	O	C	N	O	R	T	F

¿QUÉ LETRA SE ENCUENTRA EN LA COORDENADA...?

G-7 LA LETRA
F

B-2 LA LETRA
_____

F-7 LA LETRA
_____

C-5 LA LETRA
_____